चंगाई बाइबिल टैबलेट (वचन) 2.0

बीमारी को दूर करने के लिए विश्वास की घोषणाएं

Yesudas Solomon

WOG BOOKS 193 **First Edition 2026**

Author:

Yesudas Solomon

Published By:

Bible Minutes, www.WordOfGod.in

Download:

www.WordOfGod.in and www.Archive.org

Contact Us:

WhatsApp: +91 7676505599
Email: wordofgod@wordofgod.in

यह किताब केवल 15 साल पहले के ऑडियो कैसेट का प्रिंटेड वर्ज़न नहीं है। बल्कि, यह पूरी तरह से एक नई रचना है, जो नई बातों से भरी है। इसे आपकी व्यक्तिगत चंगाई के लिए एक सरल और इस्तेमाल में आसान गाइड के रूप में नए सिरे से डिज़ाइन किया गया है।

विषय-सूची

लेखक के दो शब्द

परमेश्वर के महान नाम में आपको मेरा प्यार भरा नमस्कार।

निर्गमन 15:26 में परमेश्वर कहते हैं, "मैं तुम्हारा चंगा करने वाला यहोवा हूँ।" भजन संहिता 107:20 में हम देखते हैं कि परमेश्वर हमें चंगा करने और विनाश से बचाने के लिए अपना वचन भेजते हैं। यशायाह 55:11 हमें बताता है कि परमेश्वर का वचन हमेशा वही पूरा करेगा जो वह चाहता है; वह जिस काम के लिए भेजा गया है, उसे पूरा किए बिना वह कभी खाली नहीं लौटता। इसके अलावा, इब्रानियों 4:12 हमें याद दिलाता है कि परमेश्वर का वचन जीवित और सामर्थी है। अंत में, यशायाह 53:4-5 और मत्ती 8:17 में हम देखते हैं कि यीशु मसीह ने क्रूस पर हमारी पीड़ाओं को सह लिया और हमारे दुखों को उठा लिया; उनके कोड़े खाने से हम चंगे हुए हैं।

हम इन वचनों से क्या सीखते हैं? हम सीखते हैं कि परमेश्वर के वचन में न केवल हमारे मन को, बल्कि हमारी शारीरिक बीमारियों, रोगों और कमजोरियों को भी चंगा करने की सामर्थ्य है।

हाँ, परमेश्वर का वचन जीवित है। यह सामर्थ्य से भरा है। जहाँ एक ओर वचन हमें शांति देने, उत्साहित करने और हमारा मार्गदर्शन करने का काम करता है, वहीं यह भी 100% सच है कि यह "औषधि" (एक टैबलेट या चंगाई देने वाले मलहम) के रूप में भी काम करता है। ऐसी कोई बीमारी नहीं है जिसे यीशु मसीह चंगा न कर सकें।

उनका वचन आपको आज़ाद करने के लिए काफी है!

और हर बीमारी को दूर भागना ही होगा!!

पंद्रह साल पहले, जब हम इसके मूल वर्ज़न को एक ऑडियो रिकॉर्डिंग के रूप में रिलीज़ करने की तैयारी कर रहे थे, तो "हीलिंग बाइबिल टैबलेट" (Healing Bible Tablet) नाम तुरंत मेरे मन में

आया। हमारी "वर्ड ऑफ़ गॉड टीम" (Word of God Team) के सदस्यों को यह नाम तुरंत पसंद आ गया। अपने नाम के ही अनुसार, इन वचनों ने बिल्कुल दवा की तरह काम किया। टीम के कई सदस्यों ने उस पहली रिकॉर्डिंग को तैयार करने के लिए कड़ी मेहनत की, और अन्य लोगों ने इसे दुनिया भर में पहुँचाने में मदद की।

उस रिलीज़ के कुछ ही हफ्तों बाद, हैदराबाद से पॉलराज जोसेफ नाम के एक भाई ने मेरे साथ सबसे पहली गवाही साझा की। उन्होंने यह रिकॉर्डिंग अपने एक रिश्तेदार को दी जो ब्रेन कैंसर से पीड़ित थीं। हालाँकि डॉक्टरों ने उम्मीद छोड़ दी थी, लेकिन उस बहन ने इन वचनों को सुना, पूरे विश्वास के साथ इनकी घोषणा की, और वह पूरी तरह से चंगी हो गई। यहाँ तक कि डॉक्टर भी इस पर विश्वास नहीं कर सके! जब उन्होंने दोबारा उनका टेस्ट किया, तो बीमारी का कोई नामोनिशान नहीं था।

कुछ महीनों बाद, कर्नाटक के पादरी सैम (Pastor Sam) ने एक और चमत्कार साझा किया। उनके चर्च का एक सदस्य एचआईवी (HIV) से जूझ रहा था और उसे समझ नहीं आ रहा था कि वह कहाँ जाए। पादरी ने प्रार्थना के साथ उन्हें वह रिकॉर्डिंग दी। कुछ महीनों के बाद, मेडिकल टेस्ट में सामने आया कि वह वायरस पूरी तरह से खत्म हो चुका था। मैं इस तरह की और भी कई गवाहियां आपको बता सकता हूँ।

परमेश्वर के लिए कुछ भी असंभव नहीं है!

ऐसा कुछ भी नहीं है जो उनका वचन नहीं कर सकता!!

यह किताब केवल 15 साल पहले की उस ऑडियो रिकॉर्डिंग का प्रिंटेड वर्ज़न नहीं है। बल्कि, यह पूरी तरह से एक नई रचना है, जो नई बातों से भरी है। इसे आपकी व्यक्तिगत चंगाई के लिए एक सरल और इस्तेमाल में आसान गाइड के रूप में नए सिरे से डिज़ाइन किया गया है।

चंगाई बाइबिल टैबलेट

इस "औषधि" का उपयोग करने के लिए, बस यीशु मसीह और उनके वचन पर अपना दृढ़ विश्वास रखें, और फिर:

1. इन वचनों को पढ़ें या सुनें।

2. बोलकर या अपने मन में इनकी घोषणा करें।

बाकी सब यीशु मसीह संभाल लेंगे। जिस यीशु ने दूसरों के लिए ये चमत्कार किए, वही आपके लिए भी ऐसा ही करेंगे।

आमीन। परमेश्वर आपको अपनी चमत्कारी चंगाई प्रदान करें!

यीशु का दास,

येसुदास सोलोमन

(*Yesudas Solomon*)

23 मार्च 2026

परमेश्वर की औषधि का सेवन कैसे करें

नीतिवचन 4:20-22: "हे मेरे पुत्र, मेरे वचनों पर ध्यान दे; और जो मैं कहता हूँ, उस पर कान लगा। इनको अपनी आँखों की आड़ न होने दे; वरन अपने मन में धारण कर। क्योंकि जिनको वे प्राप्त होती हैं, वे उनके जीवन का कारण, और उनके सारे शरीर के आरोग्य का साधन होती हैं।"

आयत 22 में, "आरोग्य" (स्वास्थ्य) के लिए इस्तेमाल किए गए मूल इब्रानी (Hebrew) शब्द का अर्थ वास्तव में "औषधि" या "दवा" है। हाँ, परमेश्वर का वचन केवल पन्ने पर लिखे हुए खाली अक्षर नहीं है; यह हमारे पूरे शरीर के लिए सबसे बेहतरीन दवा है। यह एक चमत्कारी टैबलेट की तरह काम करता है जो बीमारी को दूर भगाता है।

निर्गमन 15:26 में, प्रभु कहते हैं, "मैं तुम्हारा चंगा करने वाला यहोवा हूँ।" वह हमारे महान वैद्य (Great Physician) हैं, और वह हमारे लिए जो दवा लिखते हैं, वह उनका वचन है।

आज, बहुत से लोग परमेश्वर के वचन रूपी दवा को वास्तव में लिए बिना ही "ठीक होने" की उम्मीद करने की गलती करते हैं। यह कहना कैसे सही हो सकता है, "मुझे विश्वास है कि मैं चंगा हो जाऊंगा," यदि आप वास्तव में कभी दवा लेते ही नहीं हैं?

ज़रा सोचिए: यदि आप खाना नहीं खाते हैं, तो भोजन में विश्वास करने का क्या फायदा? आप फिर भी भूखे ही रहेंगे। इसी तरह, यदि आप मानते हैं कि पानी आपकी प्यास बुझा सकता है, लेकिन आप इसे कभी नहीं पीते हैं, तो क्या आपकी प्यास मिटेगी?

परमेश्वर का वचन वह अनमोल औषधि है जो उसने हमें दी है। हम जो शारीरिक दवाएं खरीदते हैं

और परमेश्वर की इस आत्मिक दवा के बीच कुछ बहुत ही सुंदर समानताएं हैं।

पहला: परमेश्वर के वचन में चंगा करने की अंतर्निहित सामर्थ्य है।

जिस तरह एक शारीरिक दवा में प्राकृतिक रूप से बीमारी को ठीक करने वाले तत्व होते हैं, आपको यह समझना चाहिए कि परमेश्वर के वचन में वह जीवन है जो आपको चंगा करने के लिए आवश्यक है। दवा की शक्ति ही बीमारी को जड़ से उखाड़ती है। बिल्कुल उसी तरह, जब आप परमेश्वर के वचन से जुड़ते हैं, तो यह आपके शरीर में पूर्ण स्वास्थ्य लाने की ऊर्जा, क्षमता और सामर्थ्य रखता है।

पवित्र शास्त्र इस सच्चाई की बहुत स्पष्ट रूप से पुष्टि करता है:

भजन संहिता 107:20 कहता है: "वह अपने वचन के द्वारा उनको चंगा करता और जिस गड़हे में वे पड़े हैं, उससे निकालता है।"

नीतिवचन 4:22 कहता है: "क्योंकि जिनको वे [परमेश्वर के वचन] प्राप्त होती हैं, वे उनके जीवन का कारण, और उनके सारे शरीर के आरोग्य का साधन होती हैं।"

यशायाह 55:11 कहता है: "...उसी प्रकार से मेरा वचन भी होगा जो मेरे मुख से निकलता है: वह व्यर्थ ठहरकर मेरे पास न लौटेगा, परन्तु जो मेरी इच्छा है उसे वह पूरा करेगा..."

परमेश्वर के वचन में वह रचनात्मक सामर्थ्य है जो वही कर दिखाती है जो वह कहती है। शुरुआत में, जिस क्षण परमेश्वर ने कहा, "उजियाला हो," अंधकार गायब हो गया और उजियाला उत्पन्न हो गया। बिल्कुल उसी तरह, बाइबिल में चंगाई के वचनों में आपके शरीर के अंदर स्वास्थ्य उत्पन्न करने का एक ईश्वरीय स्वभाव है। वह अपना वचन भेजता है; यह आपको चंगा करता है और आपको हर विनाश से बचाता है।

इब्रानियों 4:12 सामर्थ्य के साथ घोषणा करता है कि परमेश्वर का वचन निर्जीव नहीं है: "क्योंकि

परमेश्वर का वचन जीवित, और प्रबल, और हर एक दोधारी तलवार से भी बहुत चोखा है..."

इसलिए, परमेश्वर के वचन पर तब तक मनन करते रहें जब तक कि वह आपके मन में गहराई से न बस जाए। जैसे-जैसे आप मनन करेंगे, उस वचन का जीवन और बल आपकी आत्मा में बस जाएगा। परमेश्वर के वचन पर मनन करके उसे ग्रहण करना, उसके जीवन और चंगाई की सामर्थ्य को पूरी तरह से प्राप्त करने की मुख्य कुंजी (master key) है।

दूसरा: दवा तब काम करती है जब इसे सही तरीके से लिया जाए।

दवा किसी व्यक्ति का चेहरा देखकर यह तय नहीं करती कि वह काम करेगी या नहीं। इसके बजाय, यह इस बात पर चंगाई लाती है कि कोई व्यक्ति इसे कितनी सही तरह से और नियमित रूप से लेता है। परमेश्वर का वचन भी बिल्कुल वैसा ही है।

इसलिए, आपको इन बाइबिल के वचनों को अपनी आत्मिक टैबलेट के रूप में लगातार लेना चाहिए। निराश न हों! जब तक आप अपने शरीर में पूर्ण चंगाई का अनुभव न कर लें, तब तक इन वचनों को अपनी आँखों से पढ़ें; इन्हें अपने कानों से सुनें; और सबसे बढ़कर, इन्हें दवा की तरह अपने हृदय में गहराई तक उतरने दें।

तीसरा (और सबसे महत्वपूर्ण): आपको नुस्खे (prescription) का पालन करना चाहिए।

हमें डॉक्टर के निर्देशों के अनुसार ही दवा लेनी चाहिए। कुछ दवाओं पर लिखा होता है "आंतरिक उपयोग के लिए (internal use)," जबकि अन्य पर लिखा होता है "बाहरी उपयोग के लिए (external application)।" जिस टैबलेट को निगलना चाहिए, उसे त्वचा पर रगड़ने से कुछ नहीं होगा। जिस दवा को "भोजन से पहले" लेना था, उसे "भोजन के बाद" लेने से उसकी शक्ति कम हो जाएगी। यदि आपको दिन में तीन बार गोली लेने

के लिए कहा जाता है, लेकिन आप इसे कभी-कभार ही लेते हैं, तो क्या आप ठीक हो जाएंगे? नहीं। अगर आप निर्देशों का पालन नहीं करते हैं, तो दुनिया की सबसे अच्छी दवा भी काम नहीं करेगी।

परमेश्वर के वचन रूपी दवा के लिए यह बात 100% सच है। इसके काम करने के लिए, हमें इसे बाइबिल के नुस्खे (prescription) के अनुसार ही लेना चाहिए!

नीतिवचन 4:20-21 हमें बिल्कुल यही सिखाता है:

"हे मेरे पुत्र, मेरे वचनों पर ध्यान दे; और जो मैं कहता हूँ, उस पर कान लगा। इनको अपनी आँखों की आड़ न होने दे; वरन अपने मन में धारण कर।"

परमेश्वर का वचन हमारे अंदर केवल बौद्धिक ज्ञान (दिमागी ज्ञान) के माध्यम से काम नहीं करता है। इसके बजाय, यह हमारे हृदय में तभी प्रवेश करता है और ठहरता है जब हम इस पर पूरा ध्यान

देते हैं, इसे अपने कानों से सुनते हैं, इसे अपनी आँखों से पढ़ते हैं, इसे अपने मुंह से बोलते हैं, और इस पर गहराई से मनन करते हैं। आपको इस बात को स्पष्ट रूप से समझना चाहिए: केवल वे ही वचन आपके शरीर में सच्ची चंगाई ला सकते हैं जो आपके हृदय में गहरी जड़ पकड़ लेते हैं। एक बार जब परमेश्वर का वचन पूरी तरह से आपके हृदय में प्रवेश कर जाता है, तो यह निश्चित रूप से चंगाई लाएगा!

परमेश्वर की चंगाई की सामर्थ्य सबसे पहले आपकी आत्मा में प्रवेश करती है, और उसके बाद ही यह आपको चंगा करने के लिए आपके भौतिक शरीर में प्रवाहित होती है। इसलिए, आपको परमेश्वर की दवा को गहराई से "आंतरिक रूप से (internally)" लेना चाहिए।

कृपया इस महत्वपूर्ण सच्चाई पर ध्यान दें: अपने आप को लगातार यह पूछकर उलझाने के बजाय कि, "क्या मेरे पास चंगा होने के लिए पर्याप्त विश्वास है या नहीं?", बस भरोसे के साथ इन

बाइबिल टैबलेट्स को लगातार लेना शुरू करें। बस इतना ही काफी है।

आपके हाथों में जो यह छोटी सी किताब है, वह इन जीवित और चंगाई देने वाले वचनों से भरा एक खजाना है। इन्हें बार-बार पढ़ें। अपने लिए जोर से इनकी घोषणा करें। जैसे ही यह दवा आपके अंदर जाएगी, यह अपना काम शुरू कर देगी और आपको पूरी तरह से चंगा कर देगी!

चौथा: दवा को काम करने के लिए समय चाहिए।

हमें यह याद रखना चाहिए कि किसी भी दवा को शरीर में काम करने में थोड़ा समय लगता है। जब कोई सांसारिक बीमारी आती है, तो लोग दवा खरीदने के लिए पैसे खर्च करते हैं। वे बहुत धैर्य के साथ उस दवा के काम करने का इंतज़ार करते हैं। अगर दवा खत्म हो जाती है, तो वे मेडिकल स्टोर जाते हैं, और खरीदते हैं, और इसका इस्तेमाल करना जारी रखते हैं। देखिए वे कितने सावधान और धैर्यवान हैं! वे एक गोली निगलते ही तुरंत

किसी जादुई चमत्कार की उम्मीद नहीं करते, क्या वे करते हैं?

बिल्कुल उसी तरह, आपको परमेश्वर के वचन की दवा को लगातार लेना चाहिए। आपको इसे वह समय देना चाहिए जो इसे आपके शरीर में गहराई तक जाने और अपना काम करने के लिए चाहिए।

जब आप अपने मुंह से परमेश्वर के वचनों की ज़ोर से घोषणा करते हैं, तो आप वास्तव में एक बाइबिल टैबलेट निगल रहे होते हैं। जैसे-जैसे आप अपने द्वारा बोले गए वचनों पर गहराई से विचार करते हैं, और जैसे-जैसे आप उनका उपयोग परमेश्वर की स्तुति करने के लिए करते हैं, उसका वचन आपके पूरे शरीर के लिए जीवन देने वाली, अनमोल औषधि बन जाता है!

पूर्ण चंगाई के लिए विश्वास की घोषणाएं

इन वचनों की अपने मुंह से बोलकर घोषणा करें, या यदि आप ऐसा नहीं कर सकते, तो पूरे विश्वास के साथ अपने मन में इनकी घोषणा करें।

1. नींव: परमेश्वर की इच्छा और क्रूस की विजय

3 यूहन्ना 1:2
"हे प्रिय, मेरी यह प्रार्थना है; कि जैसे तू आत्मिक उन्नति कर रहा है, वैसे ही तू सब बातों में उन्नति करे, और भला चंगा रहे।"

विश्वास की घोषणा: (इन वचनों की अपने मुंह से बोलकर घोषणा करें, या यदि आप ऐसा नहीं कर सकते, तो पूरे विश्वास के साथ अपने मन में इनकी घोषणा करें।)

- जैसे मेरी आत्मा प्रभु में उन्नति कर रही है, वैसे ही मेरा शरीर भी हर तरह से उन्नति कर रहा है!
- मैं हर समय पूरी चंगाई में जीता हूँ, क्योंकि मेरा स्वस्थ रहना ही मेरे परमेश्वर की न बदलने वाली इच्छा है।

- मेरी बीमारी से कहीं ज्यादा वह मेरी चंगाई चाहते हैं।
- फिलिप्पियों 2:13 के अनुसार, परमेश्वर स्वयं इस समय मेरे अंदर सामर्थ्य के साथ काम कर रहे हैं, और मेरे शरीर में अपनी भली और सिद्ध इच्छा को पूरा कर रहे हैं।
- मेरे परमेश्वर की इच्छा के अनुसार, मैं हर आशीष के साथ और पूर्ण स्वास्थ्य में जी रहा हूँ! आमीन।

निर्गमन 15:25-26

"तब मूसा ने यहोवा की दोहाई दी; और यहोवा ने उसे एक पेड़ बतलाया, जिसे जब उसने पानी में डाला, तब वह पानी मीठा हो गया... उसने कहा, 'मैं तुम पर वह कोई रोग न भेजूँगा जो मैंने मिस्त्रियों पर भेजा है; क्योंकि मैं तुम्हारा चंगा करने वाला यहोवा हूँ।'"

विश्वास की घोषणा:

- आज परमेश्वर मेरी ओर देख रहे हैं और कह रहे हैं, "मैं तुम्हारा चंगा करने वाला यहोवा हूँ।"
- वह देख रहे हैं कि उनका वचन मेरे अंदर चमत्कार कर रहा है।
- वह मुझे चंगा करने वाले हैं; इसी पल, इसी सेकंड, वह मुझे चंगा कर रहे हैं।
- परमेश्वर के वचन में बिल्कुल वही करने की सामर्थ्य है जो वह कहता है। मैं इस समय उस वचन को पूरी तरह से ग्रहण करता हूँ।
- मैं उनके वचन से मिलने वाली ईश्वरीय चंगाई को अपने शरीर की गहराई में उतारता हूँ।
- चंगाई मेरे परमेश्वर का स्वभाव है। और वह परमेश्वर इस समय मेरे अंदर रहते हैं!
- मेरा शरीर पवित्र आत्मा का मंदिर है; यह बीमारियों को नष्ट करने वाले मेरे परमेश्वर का जीवित निवास स्थान है।

- मेरे परमेश्वर शैतान से कहीं अधिक सामर्थी और किसी भी बीमारी से कहीं अधिक महान हैं!
- मुझे चंगा करने वाले प्रभु मेरे चरवाहे हैं; इसलिए, मुझे कभी भी पूर्ण स्वास्थ्य की घटी नहीं होगी।
- मेरा शरीर परमेश्वर की चंगाई की सामर्थ्य और मेरे अंदर रहने वाले उनके ईश्वरीय स्वभाव के प्रति पूरी तरह से समर्पित है। आरोग्य के परमेश्वर मेरे अंदर हैं!
- प्रेमी पिता, मुझे चंगा करने वाले परमेश्वर होने और मुझे इसी समय चंगा करने के लिए मैं आपको लाखों धन्यवाद देता हूँ। आमीन।

निर्गमन 23:25

"तुम अपने परमेश्वर यहोवा की उपासना करना, तब वह तेरे अन्न जल पर आशीष देगा, और मैं तेरे बीच में से रोग दूर करूँगा।"

नोट: बाइबिल में, प्रभु इस बात पर बहुत अधिक ज़ोर देते हैं कि "मैं दूर करूँगा" (I will take away)। हाँ, वह सीधे तौर पर हमारे जीवन में काम कर रहे हैं!

विश्वास की घोषणा:

- परमेश्वर इस समय मेरी ओर देख रहे हैं और व्यक्तिगत रूप से मुझसे कह रहे हैं: "मैं तुझमें से बीमारी को दूर करूँगा।"
- वह देख रहे हैं कि उनका वचन इस समय मेरे अंदर सामर्थ्य के साथ काम कर रहा है।
- हाँ, मेरे परमेश्वर इस समय मुझमें से सारी बीमारी को पूरी तरह से निकाल रहे हैं।
- बीमारी, तुरंत मेरे शरीर से बाहर निकल जा! सर्वशक्तिमान प्रभु स्वयं तुझे मुझमें से निकाल रहे हैं।
- मेरे शरीर से बीमारी को जड़ से उखाड़ फेंकने के लिए, प्रेमी पिता, आपका धन्यवाद!
- मेरे जीवन में अपने वचन को पूरा करने के लिए आपकी लाखों स्तुति हो!

व्यवस्थाविवरण 7:15

"और यहोवा तुझ से सब प्रकार के रोग दूर करेगा; और मिस्र की बुरी व्याधियां जिन्हें तू जानता है, उन में से किसी को भी तुझे लगने न देगा, परन्तु तेरे सब बैरियों ही पर उन्हें डालेगा।"

विश्वास की घोषणा:

- प्रभु स्वयं सभी बीमारियों और रोगों को मुझसे पूरी तरह दूर कर रहे हैं।
- मेरे परमेश्वर के वचन में बिल्कुल वही करने की रचनात्मक सामर्थ्य है जो वह कहता है!
- मुझे चंगा करने के लिए भेजा गया उनका वचन, अपना काम पूरा किए बिना उनके पास कभी खाली नहीं लौटेगा।
- प्रभु परमेश्वर न केवल बीमारी को, बल्कि मेरे शरीर से कमजोरी और दोष के हर नामोनिशान को पूरी तरह से दूर कर रहे हैं।
- बीमारी की ताक़त, इसी पल मुझे पूरी तरह से छोड़ दे!

- प्रेमी पिता, आपके वादे के अनुसार मुझसे सभी बीमारियों को दूर करने के लिए आपकी लाखों स्तुति हो!

भजन संहिता 103:2-3

"हे मेरे मन, यहोवा को धन्य कह, और उसके किसी उपकार को न भूलना। वही तो तेरे सब अधर्म को क्षमा करता, और तेरे सब रोगों को चंगा करता है।"

एक महत्वपूर्ण बात (नोट): यहाँ "उपकार" (benefits) शब्द का अर्थ किसी मालिक द्वारा दी गई कोई बची-खुची कृपा या दया की भीख नहीं है। इसके बजाय, ये वे आशीषें हैं जिन पर नई वाचा (New Covenant) के लहू के द्वारा हमारा पूरा अधिकार है। इसलिए, पूर्ण चंगाई केवल एक वादा नहीं है; यह वह महान आज़ादी है जो हमें हमारे छुटकारे (redemption) के द्वारा मिली है!

विश्वास की घोषणा:

- हे मेरे मन, मुझे चंगा करने वाले प्रभु 'यहोवा राफा' की पूरे हृदय से स्तुति कर!
- पिता परमेश्वर की सदा स्तुति हो। प्रभु, मैं आपकी स्तुति करता हूँ।
- मेरे जीवन में आपके द्वारा किए गए और किए जा रहे सभी भले कामों के लिए, और आपकी वाचा के उपकारों के लिए मैं आपकी स्तुति और धन्यवाद करता हूँ।
- कलवरी के क्रूस पर मेरे सभी पापों, गलतियों, भटकने (backsliding), और आज्ञा न मानने (disobedience) को पूरी तरह से क्षमा करने के लिए आपका धन्यवाद।
- जिस तरह आपने मेरी आत्मा के पापों को क्षमा किया, उसी तरह मेरे शरीर की सभी बीमारियों को चंगा करने के लिए मैं आपकी स्तुति करता हूँ।
- नई वाचा के अनुसार, मैं इसी समय अपने पूर्ण स्वास्थ्य पर अपना अधिकार घोषित करता हूँ।

हाँ, चंगाई छुटकारे के द्वारा मिली मेरी आज़ादी है!

- प्रेमी पिता, मेरी सभी बीमारियों को जड़ से उखाड़ फेंकने और मुझे पूरी तरह से भला-चंगा (whole) करने के लिए आपकी लाखों स्तुति हो! आमीन।

मत्ती 8:2-3

"और देखो, एक कोढ़ी ने पास आकर उसे प्रणाम किया, और कहा; हे प्रभु, यदि तू चाहे, तो मुझे शुद्ध कर सकता है। यीशु ने हाथ बढ़ाकर उसे छूआ, और कहा; मैं चाहता हूँ, तू शुद्ध हो जा। और वह तुरन्त कोढ़ से शुद्ध हो गया।"

विश्वास की घोषणा:

- यह मेरे परमेश्वर की सबसे गहरी इच्छा है कि मैं पूर्ण स्वास्थ्य में जीऊँ!
- मुझे चंगा करना 100% परमेश्वर की सिद्ध इच्छा है। "यदि तू चाहे..." का संदेह (doubt) अब मेरे मन में नहीं है!

- जिस तरह यीशु ने उस व्यक्ति को छुआ, वह इस समय मुझे छू रहे हैं और प्यार से कह रहे हैं, "मैं चाहता हूँ, तू शुद्ध हो जा।"
- फिलिप्पियों 2:13 के अनुसार, परमेश्वर स्वयं मेरे शरीर में अपनी भली इच्छा को पूरा करने के लिए इस समय मेरे अंदर सामर्थ्य के साथ काम कर रहे हैं।
- मेरे परमेश्वर की ईश्वरीय चंगाई इसी सेकंड मेरे शरीर के अंदर चमत्कारिक रूप से हो रही है! आमीन।

यशायाह 53:3-5

"वह तुच्छ जाना गया और मनुष्यों ने उसका त्याग किया; वह दु:खी पुरुष था, रोग से उसकी जान-पहिचान थी; और लोग उस से मुख फेर लेते थे। वह तुच्छ जाना गया, और हम ने उसका मूल्य न जाना। निश्चय उसने हमारे रोगों को सह लिया और हमारे ही दु:खों को उठा लिया; तौभी हम ने उसे परमेश्वर का मारा-कूटा और दुर्दशा में पड़ा हुआ समझा। परन्तु वह हमारे ही अपराधों के कारण

घायल किया गया, वह हमारे अधर्म के कामों के हेतु कुचला गया; हमारी ही शान्ति के लिये उस पर ताड़ना पड़ी, कि उसके कोड़े खाने से हम चंगे हो जाएं।"

विश्वास की घोषणा:

- निश्चय ही, यीशु ने मेरी बीमारियों और कमजोरियों को अपने ऊपर ले लिया, और वह मेरी पीड़ाओं को उठा ले गए।
- वह मेरे रोगों को बहुत दूर क्रूस पर ले गए; जो वह मेरे लिए पहले ही उठा चुके हैं, उसे मुझे अब कभी ढोने की ज़रूरत नहीं है!
- शैतान अब मुझ पर कोई ऐसी बीमारी जबरदस्ती नहीं थोप सकता जिसे यीशु पहले ही मेरे लिए उठा चुके हैं।
- उनके घावों से, मैं पूरी तरह चंगा हो गया हूँ। उनके बहाए गए लहू और उनकी चोटों से, मैंने अपनी चंगाई प्राप्त कर ली है।

- उन्होंने मुझे शांति और पूर्ण स्वास्थ्य देने के लिए ही वह ताड़ना सही (punishment)। जिन कोड़ों से उन्हें घायल किया गया, उनके द्वारा मेरा शरीर पूरी तरह से भला-चंगा हो गया है।
- मेरी सभी बीमारियां यीशु के साथ क्रूस पर चली गईं, और वे वहाँ हमेशा के लिए खत्म हो गईं!
- शैतान, तू गलत इंसान के पास आ रहा है! तुझे मुझ पर हाथ डालने का कोई अधिकार नहीं है।
- यीशु मेरी बीमारी को उठा ले गए हैं; उनके कोड़े खाने से, मैं पूरी तरह चंगा हो गया हूँ! आमीन।

मत्ती 8:16-17

"जब सन्ध्या हुई, तो वे उसके पास बहुत से लोगों को लाए जिन में दुष्टात्माएं थीं; और उसने उन आत्माओं को अपने वचन से निकाल दिया, और सब बीमारों को चंगा किया। ताकि जो वचन

> यशायाह भविष्यद्वक्ता के द्वारा कहा गया था वह पूरा हो: 'उसने आप हमारी दुर्बलताओं को ले लिया और हमारी बीमारियों को उठा लिया।'"

विश्वास की घोषणा:

- यशायाह भविष्यद्वक्ता के द्वारा कहे गए इस जीवित वचन के लिए पिता, आपका धन्यवाद!
- यीशु ने स्वयं मेरी दुर्बलताओं को ले लिया और मेरी सभी बीमारियों को अपने ऊपर उठा लिया।
- उन्होंने मेरी बीमारियों को मुझसे पूरी तरह दूर कर दिया। बीमारी अब मेरी नहीं है; पूर्ण स्वास्थ्य मेरा है!
- जो यीशु मेरे लिए पहले ही उठा चुके हैं, उसे मुझे दोबारा ढोने की ज़रूरत नहीं है। मुझे कोई भी ऐसा दुख स्वीकार करने की ज़रूरत नहीं है जिसे उन्होंने मेरी खातिर सह लिया है!
- शैतान, तू अब मुझ पर कोई बीमारी नहीं ला सकता। क्योंकि यीशु मेरी बीमारियों और

कमजोरियों को क्रूस पर उठाने का काम पहले ही पूरा कर चुके हैं।

- अब मुझे किसी बीमारी को स्वीकार करने या कोई रोग सहते हुए जीने की ज़रूरत नहीं है।
- मैं बीमारी और कमजोरी को अपने शरीर से कभी चिपकने (टिकने) नहीं दूँगा; मैंने उन्हें पूरी तरह से अस्वीकार कर दिया है!
- क्योंकि मेरे यीशु ने मेरी सभी बीमारियों को उठा लिया है, इसलिए मैं इसी समय पूर्ण स्वास्थ्य में जी रहा हूँ! आमीन।

---

1 पतरस 2:24

"वह आप ही हमारे पापों को अपनी देह पर लिये हुए क्रूस पर चढ़ गया, जिस से हम पापों के लिये मर कर धार्मिकता के लिये जीवन बिताएं: उसी के मार खाने से तुम चंगे हुए।"

विश्वास की घोषणा:

- मसीह यीशु के घावों से, मैं हमेशा के लिए चंगा हो गया! पूर्ण स्वास्थ्य पूरी तरह से मेरा है।

- मुझे फिर से चंगा होने की कोशिश करने की कोई ज़रूरत नहीं है; क्योंकि मैं अपनी चंगाई पहले ही प्राप्त कर चुका हूँ!
- लगभग 2000 साल पहले, कलवरी के क्रूस पर यीशु के सहे गए घावों से, मैं पूरी तरह चंगा हो गया था!
- न बदलने वाली सच्चाई यह नहीं है कि मैं किसी दिन चंगा होऊंगा, बल्कि सच्चाई यह है कि मैं पहले ही चंगा हो चुका हूँ।
- मेरे यीशु के घावों से, मैं पूरी तरह चंगा हूँ! आमीन!

गलातियों 3:13

"मसीह ने जो हमारे लिये श्रापित बना, हमें मोल लेकर व्यवस्था के श्राप से छुड़ाया क्योंकि लिखा है, 'जो कोई काठ पर लटकाया जाता है वह श्रापित है'।"

विश्वास की घोषणा:

- मसीह स्वयं मेरे लिए श्रापित बने और उन्होंने मुझे व्यवस्था के श्राप से पूरी तरह छुड़ा लिया!
- जैसा कि व्यवस्थाविवरण 28 (Deuteronomy 28) में बताया गया है, परमेश्वर की व्यवस्था को तोड़ने के श्राप में सभी बीमारियां और रोग शामिल हैं।
- क्योंकि बीमारी और रोग व्यवस्था के उस श्राप का हिस्सा हैं, इसलिए मेरा दृढ़ विश्वास है कि मसीह ने मुझे हर बीमारी से छुड़ा लिया है!
- मैं आज़ाद हूँ! मुझे यीशु के बहुमूल्य लहू की कीमत चुकाकर खरीदा गया है! मैं बीमारी की जकड़ से पूरी तरह आज़ाद हूँ!
- व्यवस्था की पुस्तक में लिखी गई हर प्रकार की बीमारी से मुझे छुड़ा लिया गया है।
- विशेष रूप से, मुझे [यहाँ उस बीमारी का नाम लें जिससे आप पीड़ित हैं] नामक इस बीमारी से पूरी तरह छुड़ा लिया गया है!

- केवल इतना ही नहीं, मुझे किसी भी अन्य नई बीमारी या रोग से भी पूरी तरह आज़ाद कर दिया गया है, जिनका नाम व्यवस्था की पुस्तक में लिखा भी नहीं है।
- मसीह ने मुझे हमेशा के लिए छुड़ा लिया है; उन्होंने मुझे सभी बीमारियों और रोगों से निकालकर अपने पूर्ण स्वास्थ्य में ला खड़ा किया है! आमीन।

कुलुस्सियों 1:14

"जिस में उसके लहू के द्वारा हमें छुटकारा, अर्थात् पापों की क्षमा प्राप्त होती है।"

विश्वास की घोषणा:

- मसीह यीशु में, उनके बहुमूल्य लहू के द्वारा, मुझे एक महान छुटकारा मिला है!
- मुझे शैतान के हर प्रकार के बंधन से हमेशा के लिए छुटकारा मिल गया है।
- मैं शैतान और अंधकार के उसके क्रूर कामों से पूरी तरह आज़ाद हो गया हूँ।

- यीशु के लहू ने मुझे न केवल पापों की क्षमा दी है, बल्कि शरीर की सभी बीमारियों और रोगों से पूर्ण आज़ादी भी दी है!
- मुझे अपने भौतिक शरीर में कोई बीमारी ढोने की ज़रूरत नहीं है; मुझे पूरी तरह से छुड़ा लिया गया है।
- मेरे लिए बहाए गए यीशु के लहू की महिमा हो! आमीन।

2. औषधि: वचन और विश्वास की सामर्थ्य

नीतिवचन 4:20-22

"हे मेरे पुत्र, मेरे वचनों पर ध्यान दे; और जो मैं कहता हूँ, उस पर कान लगा। इनको अपनी आँखों की आड़ न होने दे; वरन अपने मन में धारण कर। क्योंकि जिनको वे प्राप्त होती हैं, वे उनके जीवन का कारण, और उनके सारे शरीर के आरोग्य का साधन होती हैं।"

विश्वास की घोषणा:

- परमेश्वर का वचन मेरे पूरे शरीर के लिए पूर्ण स्वास्थ्य है!
- उनका जीवित वचन उस अनमोल औषधि के रूप में काम करता है जो मेरे शरीर से सारी बीमारी को दूर कर देती है।

- उनका वादा, "मैं तुम्हारा चंगा करने वाला यहोवा हूँ," मेरे शरीर के लिए एक चमत्कारी दवा है।

- उनका वचन, "मैं तुझमें से बीमारी को दूर करूँगा," मेरी जीवन देने वाली चंगाई की टैबलेट है।

- परमेश्वर के वचन में किसी भी प्रकार की बीमारी को जड़ से उखाड़ने का जीवन और सामर्थ्य है!

- वह ईश्वरीय जीवन मेरी आत्मा को भर देता है और इस समय मेरे अंदर सामर्थ्य के साथ काम कर रहा है।

- वह जीवित वचन मेरी आत्मा में परमेश्वर के जीवन और ईश्वरीय स्वास्थ्य को उमण्डने (overflow) का कारण बनता है।

- मेरी आत्मा में उंडेला गया वह जीवन और स्वास्थ्य अब मेरे शरीर की हर एक कोशिका (cell) और हर एक ऊतक (tissue) में

प्रवाहित हो रहा है, और पूर्ण स्वास्थ्य उत्पन्न कर रहा है।

- मेरा शरीर अब उस वचन की ईश्वरीय चंगाई को पूरी तरह सोख (absorb) रहा है, क्योंकि यह मेरे अंदर गहराई तक जा रहा है। आमीन!

नीतिवचन 12:18

"ऐसे लोग भी हैं जो बिना सोचे-समझे तलवार की तरह चुभने वाले शब्द बोलते हैं, परन्तु बुद्धिमानों की जीभ चंगा करती है [दवा का काम करती है]।"

विश्वास की घोषणा:

- मेरी जीभ, जो परमेश्वर के वचन को बोलती है, वह औषधि बन जाती है जो मुझे चंगा करती है!
- मैं विश्वास के साथ जो कुछ भी घोषित करता हूँ, उसे मैं अपने शरीर में पूर्ण रूप से प्राप्त करता हूँ।
- मैं साहस के साथ घोषणा करता हूँ, "प्रभु परमेश्वर मेरे वैद्य (डॉक्टर) हैं।"

- मैं घोषणा करता हूँ कि "वह मुझसे सभी बीमारियों को पूरी तरह दूर कर देते हैं।"
- मैं विश्वास के साथ घोषणा करता हूँ कि "कोई भी विपत्ति मेरे शरीर के पास कभी नहीं आएगी, जो कि उनका निवास स्थान है।"
- मैं दृढ़ता के साथ घोषणा करता हूँ कि "वह मेरे सभी रोगों को चंगा करते हैं।"
- मेरे शब्दों में मुझे चंगा करने की सामर्थ्य है, क्योंकि मेरे मुंह से निकलने वाले शब्द केवल साधारण शब्द नहीं हैं; वे जीवित परमेश्वर के वचन हैं!
- मैं अधिकार के साथ घोषणा करता हूँ कि मेरे शरीर की हर नस (nerve), मांसपेशी (muscle), ऊतक (tissue) और कोशिका (cell) में पूर्ण स्वास्थ्य आ रहा है।
- मैं विश्वास के साथ परमेश्वर के वचनों की घोषणा करता हूँ ताकि उनकी चंगाई की

सामर्थ्य मेरे शरीर में गहराई से प्रवाहित हो। आमीन!

नीतिवचन 17:22

"मन का आनन्द अच्छी औषधि है, परन्तु मन के टूटने से हड्डियां सूख जाती हैं।"

विश्वास की घोषणा:

- हाल्लेलूयाह! मेरा मन हमेशा प्रभु में आनंदित रहता है!
- कोई भी कमजोरी मुझे नियंत्रित नहीं कर सकती; शत्रु मुझे कभी हरा नहीं सकता!
- शैतान, मेरे शरीर पर तेरा कोई अधिकार नहीं है। तू मुझ पर कोई बीमारी नहीं ला सकता!
- हाल्लेलूयाह! मेरा हृदय प्रभु के उस आनंद से भरा है जिसका वर्णन नहीं किया जा सकता। मेरे अंदर टूटे हुए मन या निराशा (depression) के लिए कोई जगह नहीं है!

- मेरे हृदय के अंदर प्रभु का यह आनंद मेरे पूरे शरीर के लिए सबसे अच्छी औषधि (medicine) के रूप में काम करता है।
- परमेश्वर द्वारा दी गई यह महान औषधि इस समय मेरे अंदर सामर्थ्य के साथ काम कर रही है और पूर्ण स्वास्थ्य ला रही है। आमीन!

भजन संहिता 107:20

"वह अपने वचन के द्वारा उनको चंगा करता और जिस गड्ढे में वे पड़े हैं, उससे निकालता है।"

विश्वास की घोषणा:

- परमेश्वर ने अपना जीवित वचन भेजा है और मुझे पूरी तरह से चंगा किया है!
- उनका सामर्थी वचन मुझे चंगा करता है और मुझे हर प्रकार के विनाश और बीमारी से बचाता है।
- परमेश्वर का वचन मेरी रक्षा करता है और मेरे विरुद्ध आने वाली हर बुराई से मुझे सुरक्षित रखता है।

- जैसा कि यशायाह 55:10-11 में कहा गया है, प्रभु के वचन में वह महान सामर्थ्य है जो मेरे शरीर में बिल्कुल वही पूरा करती है जो वह कहती है।
- उनके वचन में सच्ची चंगाई की शक्ति है; वही वचन इस समय मुझे चंगा कर रहा है।
- परमेश्वर का चंगा करने वाला वचन इस समय मेरे अंदर सामर्थ्य के साथ काम कर रहा है।
- प्रेमी पिता, अपने वचन को औषधि के रूप में भेजने और मुझे चंगा करने के लिए आपकी लाखों स्तुति हो! आमीन।

भजन संहिता 30:2 और मरकुस 11:24

"हे मेरे परमेश्वर यहोवा, मैंने तेरी दुहाई दी और तूने मुझे चंगा किया है।"

"इसलिये मैं तुम से कहता हूँ कि जो कुछ तुम प्रार्थना करके मांगो, तो विश्वास करो कि तुम्हें मिल गया, और वह तुम्हारे लिये हो जाएगा।"

विश्वास की घोषणा:

- हे मेरे परमेश्वर यहोवा, जब मैंने तुझे पुकारा, तो तूने मेरी सुनी और मुझे चंगा किया है!
- मेरा दृढ़ विश्वास है कि मेरे शरीर को इस समय जिस पूर्ण स्वास्थ्य की आवश्यकता है, वह मुझे पहले ही मिल चुका है।
- मेरा विश्वास है कि मेरी चंगाई बिल्कुल वैसे ही मेरे पास आ गई है जैसा मैंने प्रार्थना में माँगा था, और मैं इसे खुले हाथों से स्वीकार करता हूँ।
- क्योंकि तूने मुझे पूरी तरह चंगा कर दिया है, इसलिए मैं घोषणा करता हूँ कि अब मैं बिना किसी दोष (defect) के पूर्ण स्वास्थ्य में हूँ!
- आपने मेरी प्रार्थना सुनी और मेरे लिए यह चमत्कार किया, इसके लिए सारी प्रशंसा और महिमा आपको मिले। आमीन।

भजन संहिता 42:11

"हे मेरे प्राण, तू क्यों गिरा जाता है? और तू मेरे

भीतर क्यों व्याकुल है? परमेश्वर पर भरोसा रख; क्योंकि वह मेरे मुख की चमक और मेरा परमेश्वर है, और मैं फिर उसका धन्यवाद करूँगा।"

विश्वास की घोषणा:

- हे मेरे प्राण, तू अब और दुखी नहीं होगा; तू मेरे भीतर अब और व्याकुल (disturbed) नहीं होगा!
- मैं मसीह में हमेशा एक विजेता हूँ; मैं कभी निराश नहीं होऊँगा।
- मेरी आँखें केवल मेरे परमेश्वर की प्रतीक्षा कर रही हैं। मैं अपने उद्धारकर्ता की अपने जीवन के सारे दिन स्तुति करूँगा।
- प्रेमी पिता, मेरे मुख की चमक और मेरे उद्धारकर्ता, मेरी परेशानियों को दूर करने और मुझे विजय देने के लिए मैं पूरे हृदय से आपकी स्तुति करता हूँ!

मालाकी 4:2

"परन्तु तुम्हारे लिये जो मेरे नाम का भय मानते हो, धर्म का सूर्य उदय होगा, और उसकी किरणों के द्वारा तुम चंगे हो जाओगे; और तुम बाहर निकलकर पाले हुए बछड़ों की नाईं कूदोगे और फांदोगे।"

विश्वास की घोषणा:

- मेरे प्रभु, 'धर्म के सूर्य', मेरे जीवन में सामर्थ्य के साथ उदय हुए हैं!
- उन्होंने शैतान और हर प्रकार की बीमारियों को पूरी तरह से हरा दिया और उन पर विजय पा ली है।
- उनके सामर्थी पंखों (किरणों) की छाया में, मुझे पूर्ण स्वास्थ्य प्राप्त है।
- परमेश्वर के जीवित वचन के द्वारा, वह ईश्वरीय स्वास्थ्य इस समय मेरे शरीर में एक नदी की तरह प्रवाहित हो रहा है।

- सच्चा स्वास्थ्य उत्पन्न करने वाले उनके पंखों के नीचे, मैंने पूरे भरोसे के साथ शरण ली है और मेरे अंदर कोई डर नहीं है।

- परमेश्वर द्वारा दिए गए इस स्वास्थ्य के कारण, मैं प्रभु में दिन-ब-दिन एक पाले हुए बछड़े की तरह बलवान होता जाऊँगा। आमीन!

मरकुस 5:25...34

"और एक स्त्री थी जिसे बारह वर्ष से लोहू बहने का रोग था... उसने यीशु की चर्चा सुनकर भीड़ में उसके पीछे से आकर उसके वस्त्र को छू लिया। क्योंकि वह कहती थी, 'यदि मैं उसके वस्त्र ही को छू लूँगी, तो चंगी हो जाऊँगी।' और तुरंत उसका लोहू बहना बंद हो गया; और उसने अपनी देह में जान लिया कि मैं उस बीमारी से छूट गई हूँ... उसने उससे कहा, 'पुत्री, तेरे विश्वास ने तुझे चंगा किया है; कुशल से जा, और अपनी बीमारी से बची रह'।"

विश्वास की घोषणा:

- जिस तरह उस स्त्री के विश्वास ने उसे चंगा किया, मेरा विश्वास भी इस समय मुझे बचा रहा है और चंगा कर रहा है!
- मेरा पूरा भरोसा है कि मैं इसी समय अपने पूर्ण स्वास्थ्य को प्राप्त कर रहा हूँ; मेरा विश्वास मुझे चंगा कर रहा है।
- इफिसियों 1:19 के अनुसार, वही महान सामर्थ्य जिसने मसीह को मरे हुओं में से जलाया, वह इस समय मेरे शरीर के अंदर काम कर रही है।
- जब वह 'पुनरुत्थान की सामर्थ्य' (resurrection power) मेरे विश्वास के साथ जुड़ती है, तो वह मेरे शरीर में बिजली की तरह तेज़ चंगाई लाती है!
- अब मेरे शरीर में बीमारी या कमजोरी के लिए कोई जगह नहीं बची है; रोग के ठहरने का अब कोई रास्ता नहीं है!

- जिस सामर्थ्य ने यीशु को मरे हुओं में से जलाया, वह किसी भी बीमारी या कमजोरी से कहीं अधिक महान है!
- वह ईश्वरीय सामर्थ्य इस समय मेरे अंदर एक नदी की तरह बह रही है और मुझे पूरी तरह चंगा कर रही है।
- मुझे सभी बीमारियों से पूरी तरह आज़ाद कर दिया गया है! मेरे विश्वास ने मुझे चंगा किया है! आमीन।

याकूब 5:15-16

"और विश्वास की प्रार्थना के द्वारा रोगी बच जाएगा, और प्रभु उसे उठाकर खड़ा करेगा; और यदि उसने पाप भी किए हों, तो उनकी भी क्षमा हो जाएगी। इसलिये तुम आपस में एक दूसरे के सामने अपने अपने पापों को मान लो, और एक दूसरे के लिये प्रार्थना करो, जिस से चंगे हो जाओ; धर्मी जन की प्रार्थना के प्रभाव से बहुत कुछ हो सकता है।"

विश्वास की घोषणा:

- मेरा दृढ़ विश्वास है कि विश्वास से भरी यह प्रार्थना मुझे पूरी तरह चंगा कर देगी!
- प्रभु स्वयं मुझे मेरी बीमारी की शैय्या (बिस्तर) से सामर्थ्य के साथ उठाकर खड़ा कर रहे हैं।
- क्योंकि प्रभु मुझे उठाकर खड़ा कर रहे हैं, इसलिए मुझे अब दोबारा कभी कमजोरी और बीमारी में पड़े रहने की ज़रूरत नहीं है!
- मेरे सभी पाप क्षमा कर दिए गए हैं; यीशु के बहुमूल्य लहू के द्वारा मुझे पूरी तरह से धर्मी (righteous) बना दिया गया है।
- मसीह में एक धर्मी व्यक्ति के रूप में मेरे द्वारा की गई यह सच्ची विश्वास की प्रार्थना मेरे शरीर में एक महान चमत्कार करने के लिए पर्याप्त सामर्थ्य रखती है!
- मैं अपने पूरे हृदय से विश्वास करता हूँ कि जिस पल मैंने प्रार्थना की, उसी सेकंड मुझे अपना पूर्ण स्वास्थ्य प्राप्त हो गया।

- मेरे विश्वास ने मुझे पूरी तरह भला-चंगा कर दिया है! मैं इसी समय अपनी चंगाई प्राप्त करता हूँ। आमीन!

3. हमारी पहचान: मसीह के साथ एक होना

1 कुरिन्थियों 6:13, 15, 19-20
"परन्तु देह व्यभिचार के लिये नहीं, वरन प्रभु के लिये है; और प्रभु देह के लिये है... क्या तुम नहीं जानते, कि तुम्हारी देह मसीह के अंग हैं? ... क्या तुम नहीं जानते कि तुम्हारी देह पवित्र आत्मा का मन्दिर है; जो तुम में बसा हुआ है और तुम्हें परमेश्वर की ओर से मिला है? और तुम अपने नहीं हो। क्योंकि दाम देकर खरीदे गए हो, इसलिये अपनी देह के द्वारा परमेश्वर की महिमा करो।"

विश्वास की घोषणा:

- मेरा शरीर परमेश्वर के लिए बनाया गया है; यह कभी भी पाप या बीमारी के लिए नहीं बनाया गया था!

- मेरा शरीर प्रभु का है; यह वास्तव में स्वयं मसीह का एक अंग है।

- मेरा शरीर पूरी तरह से मसीह का है। इसलिए, शैतान अब मसीह के शरीर को किसी भी तरह से कमजोर नहीं कर सकता।

- शैतान, तू परमेश्वर के निज भाग (वारिस) को कभी अशुद्ध नहीं कर सकता। यीशु के नाम में, मेरे शरीर से अपने अशुद्ध हाथ अभी हटा ले, क्योंकि यह शरीर परमेश्वर का है!

- मेरा शरीर वह पवित्र मंदिर है जहाँ मुझे चंगा करने वाले प्रभु वास करते हैं।

- क्योंकि वह चंगा करने वाले परमेश्वर हैं, इसलिए वह इस समय मेरे अंदर ईश्वरीय स्वास्थ्य (divine health) को सिद्धता के साथ उत्पन्न कर रहे हैं।

- मुझे यीशु के बहुमूल्य लहू की कीमत देकर खरीदा गया है। उस लहू ने मुझे सभी पापों से

शुद्ध कर दिया है; उनके घावों से, मैं पूरी तरह चंगा हूँ।

- इसलिए, मैं अपनी आत्मा और अपने शरीर से केवल अपने परमेश्वर का ही सम्मान करूँगा।
- यीशु के नाम में, मैं अधिकार के साथ किसी भी बीमारी के विरुद्ध खड़ा होता हूँ, और उसे अपने शरीर में प्रवेश करने से पूरी तरह रोकता हूँ।
- ऐ क्रूर बीमारी, मैं तुझे यीशु के नाम में आज्ञा देता हूँ: इसी समय मेरे शरीर से अपना हाथ पूरी तरह हटा ले! आमीन।

गलातियों 2:20

"मैं मसीह के साथ क्रूस पर चढ़ाया गया हूँ, और अब मैं जीवित न रहा, पर मसीह मुझ में जीवित है: और मैं शरीर में अब जो जीवित हूँ तो केवल उस विश्वास से जीवित हूँ, जो परमेश्वर के पुत्र पर है, जिसने मुझ से प्रेम किया, और मेरे लिये अपने आप को दे दिया।"

विश्वास की घोषणा:

- मेरा पुराना स्वभाव (पुरानी मनुष्यता) मसीह के साथ क्रूस पर चढ़ाया गया है!
- इसलिए, उनके साथ, मैं सभी बीमारियों और रोगों के लिए पूरी तरह से मर चुका हूँ। एक मरे हुए शरीर पर बीमारी का कोई अधिकार नहीं होता!
- फिर भी मैं जीवित हूँ; अब वह कमजोर "मैं" नहीं जीता, बल्कि मुझे चंगा करने वाले मसीह मेरे अंदर सामर्थ्य के साथ जीवित हैं!
- पूर्ण स्वास्थ्य अब मेरे भीतर वास करता है, क्योंकि चंगा करने वाले मसीह मेरे शरीर को पूरी तरह से भर देते हैं।
- परमेश्वर के पुत्र पर विश्वास के द्वारा, जिसने मुझसे प्रेम किया और मेरे लिए खुद को दे दिया, मेरे अंदर रहने वाले मसीह हर दिन मेरे शरीर को जीवन दे रहे हैं और उसे चंगा कर रहे हैं।
- मेरा भौतिक शरीर अब एक स्वस्थ मंदिर बन गया है जहाँ मसीह निवास करते हैं! आमीन।

यूहन्ना 15:4-5

"तुम मुझ में बने रहो, और मैं तुम में। जैसे डाली यदि दाखलता में बनी न रहे, तो अपने आप से नहीं फल सकती, वैसे ही तुम भी यदि मुझ में बने न रहो तो नहीं फल सकते। मैं दाखलता हूँ, तुम डालियाँ हो; जो मुझ में बना रहता है और मैं उसमें, वही बहुत फल फलता है, क्योंकि मुझ से अलग होकर तुम कुछ भी नहीं कर सकते।"

विश्वास की घोषणा:

- मैं अपने प्रभु मसीह के साथ अटूट और दृढ़ रूप से जुड़ा हुआ हूँ!
- मेरी आत्मा पूरी तरह से उस जीवित मसीह के साथ एक है जो मुझे चंगा करते हैं।
- मैं उस सच्ची दाखलता (vine) से जुड़ी एक जीवित डाली हूँ जो चंगाई लाती है!
- जिस प्रकार रस दाखलता से डाली में बहता है, उसी प्रकार मैं अब चंगा करने वाले यीशु, जो

दाखलता हैं, उनसे उस महान चंगाई की सामर्थ्य सीधे अपने शरीर में खींचता हूँ।

- वह ईश्वरीय सामर्थ्य मेरे शरीर के हर हिस्से में पूर्ण स्वास्थ्य के रूप में प्रकट हो रही है।
- मैं चंगा करने वाले मसीह के साथ हमेशा के लिए जुड़ा हुआ हूँ; इसलिए, जो बीमारी दाखलता (यीशु) में नहीं है, वह मुझ डाली में भी नहीं रह सकती!
- मेरे यीशु का जीवन और उनका पूर्ण स्वास्थ्य हर समय मेरे भीतर बना रहता है! आमीन।

कुलुस्सियों 1:12

"और पिता का धन्यवाद करते रहो, जिसने हमें इस योग्य बनाया कि ज्योति में पवित्र लोगों के साथ मीरास में सहभागी हों।"

विश्वास की घोषणा:

- मसीह में मुझे दी गई इस महान विरासत (inheritance) को प्राप्त करने के लिए मैं पूरी

तरह से योग्य हूँ; मुझ पर इसे प्राप्त करने का पूरा अधिकार और सामर्थ्य है!

- जैसा कि भजन संहिता 103:3 में परमेश्वर का वचन कहता है, 'पूर्ण चंगाई' उस मीरास का एक मुख्य हिस्सा है जो मसीह ने मेरे लिए अर्जित की है।
- हाँ, चंगाई पूरी तरह से मेरी है!
- मैं दुष्ट (शैतान) को कभी भी उस ईश्वरीय मीरास से दूर नहीं करने दूँगा जो मेरे पिता ने मुझे दी है, और न ही मैं उसे अपनी चंगाई चुराने दूँगा!
- मैं शैतान को मुझे धोखा देने से कड़ाई से रोकता हूँ! मैं इसी समय अपनी विरासत पर अपना पूरा अधिकार लेता हूँ।
- प्रेमी पिता, ज्योति में अपने पवित्र लोगों की मीरास में मुझे स्थान देने के लिए आपका धन्यवाद! आमीन।

फिलिप्पियों 2:13

"क्योंकि परमेश्वर ही है, जिसने अपनी सुइच्छा पूरी

करने के लिये तुम्हारे मन में इच्छा और काम, दोनों बातों के करने का प्रभाव डाला है।"

विश्वास की घोषणा:

- सर्वशक्तिमान परमेश्वर स्वयं इस समय मेरे भीतर सामर्थ्य के साथ कार्य कर रहे हैं!
- 'यहोवा राफ़ा', मुझे चंगा करने वाले प्रभु, अपना जीवन मेरे शरीर में उँडेल रहे हैं।
- मेरा परमेश्वर शैतान से कहीं अधिक महान है! परमेश्वर जो ईश्वरीय चंगाई देते हैं, वह दुनिया की किसी भी बीमारी से कहीं अधिक शक्तिशाली है।
- परमेश्वर स्वयं अपने उत्तम उद्देश्य को पूरा करने के लिए इस समय मेरे भीतर एक चमत्कार कर रहे हैं: और वह उद्देश्य यह है कि मैं पूर्ण स्वास्थ्य में जीऊँ।
- मेरे परमेश्वर के सामर्थी कार्य के द्वारा, मैं इसी समय पूर्ण स्वास्थ्य प्राप्त कर रहा हूँ! आमीन।

रोमियों 8:2

"क्योंकि जीवन की आत्मा की व्यवस्था ने मसीह यीशु में मुझे पाप की और मृत्यु की व्यवस्था से स्वतंत्र कर दिया है।"

विश्वास की घोषणा:

- परमेश्वर की आत्मा अब मेरे भीतर सामर्थ्य के साथ वास कर रही है।
- मेरी पूरी आत्मा, प्राण और शरीर पर पूरी तरह से पवित्र आत्मा का शासन है।
- मुझे चंगा करने वाले परमेश्वर मेरे शरीर के भीतर अपना ईश्वरीय जीवन उत्पन्न कर रहे हैं; वह मेरे शरीर को जीवित कर रहे हैं और मुझे पूरी तरह चंगा कर रहे हैं।
- परमेश्वर की आत्मा, 'यहोवा राफ़ा' जो मेरे भीतर वास करते हैं, मेरे भौतिक शरीर में पूर्ण जीवन को प्रवाहित (unleash) कर रहे हैं।
- परमेश्वर का वह महान जीवन बीमारी के हर एक अंश को मुझसे बहुत दूर खदेड़ रहा है।

- परमेश्वर का जीवन मेरे भीतर सामर्थ्य के साथ बह रहा है, जो सभी बीमारियों और रोग पैदा करने वाले कीटाणुओं (germs) को जड़ से उखाड़कर नष्ट कर रहा है! आमीन।

4. आत्मिक युद्ध और हमारा अधिकार

भजन संहिता 91:1-6
"जो परमप्रधान के छाए हुए स्थान में बैठा रहे, वह सर्वशक्तिमान की छाया में ठिकाना पाएगा। मैं यहोवा के विषय कहूँगा, 'वह मेरा शरणस्थान और गढ़ है; वह मेरा परमेश्वर है, मैं उस पर भरोसा रखूँगा।' वह तो तुझे बहेलिये के जाल से, और सत्यानाश करने वाली मरी से बचाएगा। वह तुझे अपने पंखों की आड़ में ले लेगा, और तू उसके परों के नीचे शरण पाएगा; उसकी सच्चाई तेरे लिये ढाल और झिलम ठहरेगी। तू न रात के भय से डरेगा, और न उस तीर से जो दिन को उड़ता है; न उस मरी से जो अन्धेरे में फैलती है, और न उस महारोग से जो दोपहर को उजाड़ता है।"

विश्वास की घोषणा:

- मैं परमप्रधान प्रभु के छाए हुए स्थान में रहता हूँ; सर्वशक्तिमान की छाया हमेशा मुझ पर बनी रहती है।
- यहोवा मेरा शरणस्थान है; वह मेरा दृढ़ गढ़ है, और मेरा परमेश्वर है जिस पर मैं पूर्ण रूप से भरोसा करता हूँ।
- वह मुझे हर प्रकार की सत्यानाश करने वाली बीमारी और महामारी से पूरी तरह बचाता और सुरक्षित रखता है।
- उन्होंने मुझे अपने पंखों की आड़ में ले लिया है; मैंने सुरक्षित रूप से उनके परों के नीचे शरण ली है।
- उनका सच्चा वचन वह ढाल है जो मेरी रक्षा करता है ताकि कोई भी बीमारी मुझे छू तक न सके।
- मैं उस बीमारी से कभी नहीं डरूँगा जो अंधेरे में चलती है, और न ही उस विनाश से जो दोपहर

को आता है। मेरा परमेश्वर मेरी रक्षा कर रहा है! आमीन।

भजन संहिता 91:9-10

"तूने तो यहोवा को जो मेरा शरणस्थान है, और उस परमप्रधान को अपना वासस्थान मान लिया है, इसलिये कोई विपत्ति तुझ पर न पड़ेगी, और न कोई दुःख तेरे डेरे के निकट आएगा।"

विश्वास की घोषणा:

- प्रभु मेरे परमेश्वर, 'यहोवा राफ़ा' जो मुझे चंगा करते हैं, किसी भी बीमारी के विरुद्ध मेरा शरणस्थान और मज़बूत गढ़ हैं।
- उनका वचन मेरी ढाल है और बीमारी के विरुद्ध मेरा सामर्थी हथियार है।
- जैसा कि मलाकी 4:2 कहता है, मेरा पूरा विश्वास है कि "उनकी किरणों (पंखों) के नीचे चंगाई है"; और मैंने सुरक्षित रूप से उन पंखों के नीचे शरण ली है।

- मैं किसी भी रोग से नहीं डरूँगा; मैं किसी भी कमजोरी से भयभीत नहीं होऊँगा।
- क्योंकि मैं अपने चंगा करने वाले 'यहोवा राफ़ा' की छाया में रहता हूँ, इसलिए कोई भी महामारी (plague) मेरे घर या मेरे शरीर रूपी डेरे के निकट कभी नहीं आएगी!
- मैं यीशु के नाम में बीमारी और रोग के विरुद्ध साहस के साथ खड़ा होता हूँ। मैं उन्हें अपने शरीर में स्वीकार करने के लिए कभी सहमत नहीं होऊँगा; उनका मुझ पर कोई अधिकार नहीं है!
- यीशु के नाम में, मैं कमजोर नहीं पड़ूँगा। किसी भी बीमारी को मेरे शरीर में प्रवेश करने का अधिकार नहीं है।
- बीमारी! [यहाँ उस बीमारी का नाम लेकर आज्ञा दें जिससे आप पीड़ित हैं] तू मेरे डेरे के निकट नहीं आ सकती! मैं तुझे पूरी तरह से अस्वीकार करता हूँ; मैं यीशु के नाम में तेरे

विरुद्ध खड़ा होता हूँ और तुझे बाहर निकालता हूँ!

प्रेरितों के काम 10:38

"परमेश्वर ने किस रीति से यीशु नासरी को पवित्र आत्मा और सामर्थ्य से अभिषेक किया; वह भलाई करता हुआ, और उन सब को जो शैतान के सताए हुए थे, चंगा करता फिरा; क्योंकि परमेश्वर उसके साथ था।"

विश्वास की घोषणा:

- मैं यह निश्चय के साथ जानता हूँ कि बीमारी परमेश्वर की ओर से नहीं आती; यह शैतान का एक जुल्म (oppression) है।
- परन्तु शैतान अब मुझे बीमारी के द्वारा दोबारा कभी नहीं सता सकता!
- क्योंकि, कुलुस्सियों 1:13 के अनुसार, मुझे शैतान के अंधकार के राज्य (dominion) से पूरी तरह छुड़ा लिया गया है।

- मुझे शैतान, दुष्टात्माओं और शत्रु की सारी सामर्थ्य को रौंदने का अधिकार दिया गया है। इसलिए, मैं यीशु के नाम में बीमारी को अपने पैरों के नीचे कुचल देता हूँ!
- शैतान, तू मुझे किसी भी क्रूर बीमारी से अपने वश में नहीं कर सकता। तुझे मुझे बांधने का बिल्कुल भी अधिकार नहीं है!
- बीमारी, मेरे शरीर में तेरा कोई काम नहीं है; तू बिल्कुल गलत इंसान के पास आई है!
- पूर्ण स्वास्थ्य मेरा है! वही महान सामर्थ्य जिसने यीशु को मरे हुओं में से जलाया, वह इस समय मेरे शरीर के अंदर सामर्थ्य के साथ काम कर रही है।
- क्योंकि मुझे चंगा करने वाले प्रभु परमेश्वर की सामर्थ्य मेरे शरीर में प्रवाहित हो रही है, इसलिए मैं सभी रोगों से पूरी तरह आज़ाद हो गया हूँ! आमीन।

लूका 13:11-13, 16
"और देखो, वहाँ एक स्त्री थी जिसे अठारह वर्ष से एक दुर्बल करने वाली आत्मा वश में किए हुए थी; और वह कुबड़ी हो गई थी, और किसी रीति से सीधी नहीं हो सकती थी। यीशु ने उसे देखकर अपने पास बुलाया, और उससे कहा, 'हे स्त्री, तू अपनी दुर्बलता से छूट गई है।' तब उसने उस पर हाथ रखे और वह तुरंत सीधी हो गई और परमेश्वर की बड़ाई करने लगी... 'भला यह उचित न था कि यह जो अब्राहम की बेटी है, जिसे शैतान ने अठारह वर्ष से बांध रखा था, सब्त के दिन इस बंधन से छुड़ाई जाती?'"

विश्वास की घोषणा:

- यीशु के बहुमूल्य लहू के द्वारा, मैं पूरी तरह चंगा हूँ! शैतान मुझे अब दोबारा कभी बीमारी की ज़ंजीर से नहीं बांध सकता।
- कुलुस्सियों 1:13 के अनुसार, मेरा दृढ़ विश्वास है कि मुझे शैतान के अंधकार के राज्य से

छुड़ाकर परमेश्वर के प्रिय पुत्र के राज्य में पहुँचा दिया गया है।

- बीमारी परमेश्वर की ओर से नहीं आती; बीमारी शैतान की है! इसलिए, शैतान, तुझे मुझ पर बीमारी लाने का बिल्कुल भी अधिकार नहीं है!
- तू खुद को क्या समझता है? कुलुस्सियों 2:15 और इब्रानियों 2:14 के अनुसार, तू क्रूस पर पूरी तरह से हार चुका है!
- यीशु मसीह ने तुझसे मुझ पर शासन करने का सारा अधिकार छीन लिया है। इसलिए, यीशु के सामर्थी नाम में, मैं तेरे विरुद्ध खड़ा होता हूँ!
- मेरी ज़ंजीरें खुल गई हैं! मैं आज़ाद हूँ! मैं अब कभी बीमारी के बंधन में नहीं बंधूँगा!
- गलातियों 3:14 और 29 के अनुसार, मैं अब्राहम का वंश हूँ; इसलिए, अब्राहम की सभी आशीषें मेरी हैं।

- अब्राहम की संतान होने के नाते, यह बिल्कुल निश्चित है कि मुझे बीमारी के इस बंधन से आज़ाद होना ही चाहिए!
- पूर्ण स्वास्थ्य परमेश्वर की वाचा में मेरा बड़ा भाग है; यह मेरी जायज विरासत (rightful inheritance) है! मैं इसी समय इस पर अपना अधिकार जताता हूँ।
- शैतान, मैं अभी इसी वक्त अपने अधिकारों को हाथ में लेता हूँ। मेरे शरीर से अपने अशुद्ध हाथ तुरंत हटा ले! आमीन।

कुलुस्सियों 1:13

"उसी ने हमें अन्धकार के वश से छुड़ाकर अपने प्रिय पुत्र के राज्य में स्थानान्तरित (transfer) किया है।"

विश्वास की घोषणा:

- मुझे अंधकार की शक्ति और उसकी क्रूर जकड़ से पूरी तरह छुड़ा लिया गया है!

- प्रेरितों के काम 26:18 के अनुसार, मैं शैतान के पूरे अधिकार और प्रभुत्व (dominion) से पूरी तरह मुक्त कर दिया गया हूँ।
- बीमारी शैतान की ओर से आती है; इसलिए, शैतान अब मुझ पर बीमारी या रोग के द्वारा कभी शासन नहीं कर सकता!
- शैतान, मुझे तेरी अंधकार की शक्ति से हमेशा के लिए छुटकारा मिल गया है। तू अब मुझ पर कभी कोई बीमारी नहीं डाल सकता!
- मैं तेरे अधिकार क्षेत्र (jurisdiction) से पूरी तरह बाहर निकल चुका हूँ और मुझे मेरे परमेश्वर के प्रिय पुत्र के राज्य में पहुँचा दिया गया है।
- मैं 'यहोवा राफ़ा', मुझे चंगा करने वाले प्रभु के राज्य में दृढ़ता से स्थापित हूँ; मेरे परमेश्वर के राज्य में बीमारी के लिए बिल्कुल भी कोई जगह नहीं है!

- मुझे अंधकार से छुड़ाने और अपने पुत्र के चंगाई वाले राज्य में लाने के लिए, मैं पूरे हृदय से प्रेमी पिता की स्तुति करता हूँ। आमीन!

लूका 10:19

"देखो, मैंने तुम्हें साँपों और बिच्छुओं को रौंदने का, और शत्रु की सारी सामर्थ्य पर अधिकार दिया है; और किसी वस्तु से तुम्हें कुछ हानि न होगी।"

विश्वास की घोषणा:

- बीमारी शत्रु की सामर्थ्य का ही एक रूप है; परन्तु यीशु के नाम में, मैं उस शत्रु की सारी शक्तियों को अपने पैरों के नीचे कुचल देता हूँ!
- मैं पूर्ण अधिकार के साथ शैतान के हर काम को रौंद डालता हूँ।
- प्रभु यीशु मसीह ने स्वयं मुझे शत्रु की सभी शक्तियों को चकनाचूर करने का महान अधिकार दिया है।
- बीमारी, मैं तुझे रौंदता हूँ! मैं तुझे कुचल देता हूँ! मैं तुझे धूल में मिला देता हूँ!

- बाहर निकल! बाहर निकल! बाहर निकल! अब मुझ पर तेरा रत्ती भर भी अधिकार नहीं रहा।
- यीशु के सामर्थी नाम में, इसी समय मेरे शरीर को छोड़ दे!
- जैसा कि इफिसियों 2:6 में कहा गया है, मैं शैतान की सभी शक्तियों से बहुत ऊपर उठाया गया हूँ और मसीह यीशु के साथ स्वर्गीय स्थानों में बैठाया गया हूँ।
- इसलिए, हर प्रकार की बीमारी और कमजोरी मेरे अधीन है; वे हमेशा के लिए मेरे पैरों के नीचे दबी रहेंगी! आमीन।

इफिसियों 4:27

"और न शैतान को अवसर दो।"

विश्वास की घोषणा:

- मैं अपने जीवन में शैतान को रत्ती भर भी जगह (अवसर) देने से इनकार करता हूँ!

- सभी बीमारियाँ और रोग शत्रु की ओर से आते हैं, इसलिए मैं उन्हें अपने शरीर में कभी भी घर (settle) नहीं करने दूँगा।
- शैतान! तू अपनी बीमारी मुझ पर ज़बरदस्ती नहीं थोप सकता। तू ऐसा नहीं कर सकता! बिल्कुल भी नहीं!
- मैं पूरे भरोसे के साथ घोषणा करता हूँ कि मुझ पर तेरा कोई भी अधिकार नहीं है।
- कोई भी बीमारी या दर्द मेरे शरीर के निकट नहीं आ सकता। शैतान, तू बिल्कुल गलत पते (address) पर आ गया है!
- मैं तुझे अपने शरीर में एक इंच भी जगह नहीं दूँगा; तेरा यहाँ कोई स्थान नहीं है!
- तू मुझमें कमजोरी नहीं ला सकता। मैं इसे पूरी तरह से अस्वीकार करता हूँ, क्योंकि बीमारी को ढोना मेरा काम नहीं है।

- मैं एक ऐसी संतान हूँ जो पूरी तरह से अपने परमेश्वर की है। तेरा मुझ पर या मेरे स्वास्थ्य पर कोई दावा (claim) नहीं है।
- बीमारी, क्योंकि मैं तुझे छिपने के लिए कोई जगह नहीं देता, इसलिए तेरे पास जाने के अलावा कोई विकल्प नहीं है।
- मैं तुझे यीशु के नाम में आज्ञा देता हूँ: इसी समय मुझे छोड़कर चली जा! आमीन।

याकूब 4:7

"इसलिये परमेश्वर के अधीन हो जाओ; और शैतान का सामाना करो, तो वह तुम्हारे पास से भाग निकलेगा।"

विश्वास की घोषणा:

- मैं अपनी पूरी आत्मा, प्राण और शरीर अपने परमेश्वर को सौंपता हूँ।
- मैं उनकी सिद्ध योजना और उनके वचन की महान सामर्थ्य पर पूरा भरोसा करता हूँ।

- क्योंकि मैं परमेश्वर का हूँ, इसलिए मैं यीशु के सामर्थी नाम में तेरे विरुद्ध खड़ा होता हूँ, शैतान!
- मैं हर उस बीमारी और रोग को कड़ी चुनौती देता हूँ जिसे तू लाने की कोशिश करता है। तू मुझ पर कोई बीमारी नहीं डाल सकता!
- बाहर निकल! मुझे इसी समय अकेला छोड़ दे!
- मेरे शरीर से अपने हाथ हटा और तुरंत चला जा!
- क्योंकि मैं साहस के साथ तेरे विरुद्ध खड़ा हूँ, परमेश्वर का वचन कहता है कि तेरे पास डर के मारे मुझसे दूर भागने के अलावा और कोई विकल्प नहीं है! आमीन।

---

1 पतरस 5:8-9

"सचेत हो, और जागते रहो; क्योंकि तुम्हारा विरोधी शैतान गर्जने वाले सिंह की नाईं इस खोज में रहता है, कि किसको फाड़ खाए। विश्वास में दृढ़ होकर उसका सामना करो।"

विश्वास की घोषणा:

- मैं हमेशा अपने विश्वास में दृढ़ता से खड़ा रहूँगा। परमेश्वर की सामर्थ्य के साथ, मैं उस शैतान का सामना करता हूँ जो गर्जने वाले सिंह की तरह बनने की कोशिश करता है!
- वह मुझे, मेरे शरीर को या मेरे स्वास्थ्य को कभी नष्ट नहीं कर सकता।
- मैं यह निश्चय के साथ जानता हूँ कि बीमारी शत्रु की केवल एक क्रूर चाल है।
- परमेश्वर के पुत्र यीशु इस दुनिया में विशेष रूप से शैतान के कामों को नष्ट करने के लिए आए थे!
- इसलिए, जहाँ तक मेरा संबंध है, बीमारी को उसकी जड़ से उखाड़ दिया गया है। वह पूरी तरह से टूट चुकी है!
- मेरे शरीर में बीमारी की शक्ति खत्म हो गई है, चकनाचूर हो गई है और अब वह बेकार है।

- स्वयं यीशु ने मेरे लिए बीमारी और रोग का स्थायी अंत कर दिया है!
- शैतान ने मेरे जीवन में जो भी बुरा करने की कोशिश की थी, वह सब मिटा दिया गया है। यीशु में मेरी एक सुंदर और पूर्ण विजय है! आमीन।

5. अंतिम घोषणा: यीशु के नाम की सामर्थ्य

मरकुस 16:17-18

"और विश्वास करने वालों में ये चिह्न पाए जाएंगे: कि वे मेरे नाम से दुष्टात्माओं को निकालेंगे, नई नई भाषा बोलेंगे, साँपों को उठा लेंगे, और यदि वे प्राणनाशक वस्तु भी पी जाएं, तो भी उनकी कुछ हानि न होगी; वे बीमारों पर हाथ रखेंगे, और वे चंगे हो जाएंगे।"

विश्वास की घोषणा:

- यीशु का सामर्थी नाम दुनिया की किसी भी बीमारी से कहीं अधिक महान है!
- यीशु ने स्वयं क्रूस पर सभी बीमारियों और रोगों को पूरी तरह से हरा दिया है।

- यीशु के सामर्थी नाम में—जिसने पाप, बीमारी और शैतान पर पूरी तरह विजय प्राप्त की है—मैं बीमारी को इसी समय अपने शरीर से बाहर निकलने की आज्ञा देता हूँ!
- शैतान, मेरे शरीर से अपने अशुद्ध हाथ तुरंत हटा ले!
- प्रभु यीशु ने मुझे जो महान अधिकार दिया है, उसके द्वारा मैं तुझे अपने शरीर से बाहर निकालता हूँ।
- तू अब मुझे कोई हानि नहीं पहुँचा सकता! तू मुझ पर कोई भी बीमारी थोप नहीं सकता!
- यीशु के नाम में, मैं सभी रोगों से पूरी तरह आज़ाद हो गया हूँ! आमीन।

यूहन्ना 14:12-14 और प्रेरितों के काम 3:16

"मैं तुम से सच सच कहता हूँ, कि जो मुझ पर विश्वास रखता है, ये काम जो मैं करता हूँ वह भी करेगा, वरन इनसे भी बड़े काम करेगा, क्योंकि मैं पिता के पास जाता हूँ। और जो कुछ तुम मेरे नाम

से माँगोगे, वही मैं करूँगा कि पुत्र के द्वारा पिता की महिमा हो। यदि तुम मेरे नाम से मुझ से कुछ माँगोगे, तो मैं उसे करूँगा।"

"और उसी के नाम ने, उस विश्वास के द्वारा जो उसके नाम पर है, इस मनुष्य को जिसे तुम देखते हो और जानते भी हो, सामर्थ्य दी है; हाँ, उसी विश्वास ने जो उसके द्वारा है, इसे तुम सब के सामने बिल्कुल भला-चंगा कर दिया है।"

विश्वास की घोषणा:

- यीशु के नाम में महान सामर्थ्य है! वह सर्वशक्तिमान, पुनरुत्थित और चंगा करने वाले प्रभु हैं।
- मैं यीशु के सामर्थी नाम में पूर्ण अधिकार के साथ आज्ञा देता हूँ: सभी बीमारियाँ, इसी समय मेरे शरीर को छोड़ दो!
- प्रेरितों के काम 3:16 के अनुसार, उनके नाम पर विश्वास ने मेरे शरीर को पूर्ण स्वास्थ्य और सामर्थ्य प्रदान किया है।

- मैं यीशु के नाम में पूरी तरह चंगा हूँ! वह नाम, और उस पर मेरा अटूट विश्वास, मुझे सिद्ध स्वास्थ्य देता है।
- मेरे यीशु का नाम दुनिया की किसी भी बीमारी से कहीं अधिक महान है! उनकी सारी महानता और उनकी सारी सामर्थ्य उस एक नाम में समाई हुई है: 'यीशु'।
- वह बीमारी से महान हैं; उन्होंने क्रूस पर सभी रोगों पर विजय प्राप्त की है!
- इसलिए, मैं अब अपने शरीर के हर एक हिस्से पर उस जीवित नाम 'यीशु' को उच्चारित करता हूँ।
- मेरे भीतर की सभी बीमारियाँ और रोग पैदा करने वाले कीटाणु (germs) इस समय यीशु के सामर्थी नाम में नष्ट हो रहे हैं!
- यीशु के सर्वोच्च नाम में मेरा शरीर पूरी तरह स्वस्थ हो गया है! आमीन।

हाल्लेलूयाह! पिता, मैं तेरी स्तुति करता हूँ! परमेश्वर का वचन कभी निष्फल नहीं होता। मैं आपके उस वचन के लिए धन्यवाद देता हूँ जिसने मुझे चंगा किया, और यीशु के उस लहू के लिए जो मेरे लिए बहाया गया। मेरा शरीर अब एक स्वस्थ मंदिर है जहाँ मसीह वास करते हैं! उस परमेश्वर को सारी महिमा मिले जिसने मुझे यीशु के सर्वोच्च नाम में विजय दी है! आमीन।

मसीह की सामर्थ्य और अपरिवर्तनीय स्वभाव

यीशु सारे गलील में फिरता रहा, और उनकी सभाओं में उपदेश करता, और राज्य का सुसमाचार प्रचार करता, और लोगों की हर प्रकार की बीमारी और दुर्बलता को दूर करता रहा (मत्ती 4:23)।

यीशु सब नगरों और गाँवों में फिरता रहा, और उनकी सभाओं में उपदेश करता, और राज्य का सुसमाचार प्रचार करता, और हर प्रकार की बीमारी और दुर्बलता को दूर करता रहा (मत्ती 9:35)।

"यदि तू कर सकता है?" यीशु ने उससे कहा। "विश्वास करने वाले के लिये सब कुछ हो सकता है!" (मरकुस 9:23)।

बहुतों में से दुष्टात्माएं भी यह चिल्लाती हुई निकल गईं, "तू परमेश्वर का पुत्र है!" पर वह उन्हें

डपटता, और बोलने न देता था, क्योंकि वे जानते थे कि वह मसीह है (लूका 4:41)।

और सब उसे छूना चाहते थे, क्योंकि उसमें से सामर्थ्य निकलकर सब को चंगा करती थी (लूका 6:19)।

वही पिसे हुओं का न्याय करता, और भूखों को भोजन देता है। यहोवा बंदियों को छुड़ाता है (भजन संहिता 146:7)।

यहोवा अंधों को आँखें देता है; यहोवा झुके हुओं को सीधा खड़ा करता है। यहोवा धर्मियों से प्रेम रखता है (भजन संहिता 146:8)।

यीशु मसीह कल और आज और युगानुयुग एकसा है! (इब्रानियों 13:8)।

चंगाई के लिए परमेश्वर की प्रतिज्ञाएं

हे यहोवा, तू मुझे चंगा कर, तब मैं चंगा हो जाऊँगा; तू मुझे बचा, तब मैं बच जाऊँगा, क्योंकि मैं तेरी ही स्तुति करता हूँ (यिर्मयाह 17:14)।

"मैं तेरा स्वास्थ्य सुधारूँगा और तेरे घावों को भर दूँगा," यह यहोवा की वाणी है (यिर्मयाह 30:17)।

"देख, मैं इस नगर का स्वास्थ्य सुधारूँगा और उसे चंगा करूँगा; मैं उन्हें चंगा करूँगा और उन्हें भरपूर शांति और सच्चाई का आनन्द लेने दूँगा" (यिर्मयाह 33:6)।

"मैंने उनकी चाल देखी है, तौभी मैं उन्हें चंगा करूँगा; मैं उनकी अगुआई करूँगा और उन्हें और उनके शोक करने वालों को फिर से शांति दूँगा" (यशायाह 57:18)।

"तब तेरा प्रकाश भोर के समान फूट निकलेगा, और तेरी चंगाई शीघ्र ही प्रगट होगी; तब तेरा धर्म तेरे आगे-आगे चलेगा, और यहोवा की महिमा तेरे पीछे रक्षा करेगी" (यशायाह 58:8)।

"मैं उनकी भटकन को दूर करूँगा और उनसे उदारता के साथ प्रेम रखूँगा, क्योंकि मेरा क्रोध उन पर से उतर गया है" (होशे 14:4)।

"मैंने तेरी प्रार्थना सुनी और तेरे आँसू देखे हैं; देख, मैं तुझे चंगा करूँगा" (2 राजा 20:5)।

यहोवा उसे बीमारी की शय्या पर संभालेगा और तू रोग में उसके पूरे बिछौने को उलटकर ठीक कर देगा (भजन संहिता 41:3)।

...वही तेरे प्राण को विनाश के गढ़े से छुड़ाता है, और तेरे सिर पर करुणा और दया का मुकुट बांधता है, वही तेरी इच्छा को उत्तम वस्तुओं से तृप्त करता है जिससे तेरी जवानी उकाब की नाईं नई हो जाती है (भजन संहिता 103:4-5)।

मैं न मरूँगा वरन जीवित रहूँगा, और यहोवा के कामों का वर्णन करूँगा (भजन संहिता 118:17)।

वह खेदित मन वालों को चंगा करता है, और उनके घावों पर पट्टी बांधता है (भजन संहिता 147:3)।

तुम यहोवा के विरुद्ध क्या युक्ति करते हो? वह उसका पूरा अंत कर देगा; विपत्ति दूसरी बार खड़ी न होगी (नहूम 1:9)।

और यदि उसी का आत्मा जिसने यीशु को मरे हुओं में से जलाया तुम में बसा हुआ है, तो जिसने मसीह को मरे हुओं में से जलाया, वह तुम्हारी नश्वर देहों को भी अपने उस आत्मा के द्वारा जो तुम में बसा हुआ है, जिलाएगा (रोमियों 8:11)।

सामर्थ्य और आशा की प्रतिज्ञाएं

वह थके हुए को बल देता है और शक्तिहीन को बहुत सामर्थ्य बढ़ाता है (यशायाह 40:29)।

परन्तु जो यहोवा की बाट जोहते हैं, वे नया बल प्राप्त करते जाएंगे। वे उकाबों के समान पंखों पर चढ़ेंगे; वे दौड़ेंगे और थकित न होंगे, वे चलेंगे और मूर्छित न होंगे (यशायाह 40:31)।

"मत डर, क्योंकि मैं तेरे साथ हूँ; इधर-उधर मत ताक, क्योंकि मैं तेरा परमेश्वर हूँ। मैं तुझे दृढ़ करूँगा और तेरी सहायता करूँगा; मैं अपने धर्ममय दाहिने हाथ से तुझे सम्हाले रहूँगा" (यशायाह 41:10)।

यहोवा मेरा बल और मेरी ढाल है; उस पर मेरा भरोसा है, और मुझे सहायता मिली है। मेरा हृदय आनंद से उछल रहा है, और मैं अपने गीत से उसकी स्तुति करूँगा (भजन संहिता 28:7)।

धर्मी पर बहुत सी विपत्तियाँ पड़ती तो हैं, परन्तु यहोवा उसे उन सब से मुक्त करता है (भजन संहिता 34:19)।

तेरे परमेश्वर ने तेरे लिये सामर्थ्य ठहराई है; हे परमेश्वर, अपनी सामर्थ्य दिखा, जैसा कि तूने हमारे लिये पहले भी किया है (भजन संहिता 68:28)।

यहोवा तेरा रक्षक है—यहोवा तेरे दाहिने हाथ की ओर तेरी छाया है (भजन संहिता 121:5)।

यहोवा तुझे सब बुराई से बचाए रखेगा—वह तेरे प्राण की रक्षा करेगा (भजन संहिता 121:7)।

जो मुझे सामर्थ्य देता है, उसमें मैं सब कुछ कर सकता हूँ (फिलिप्पियों 4:13)।

क्योंकि परमेश्वर ने हमें भय की नहीं, पर सामर्थ्य, और प्रेम, और संयम की आत्मा दी है (2 तीमुथियुस 1:7)।

शान्ति का परमेश्वर आप ही तुम्हें पूरी रीति से पवित्र करे। और प्रभु यीशु मसीह के आने तक

तुम्हारी पूरी आत्मा, प्राण और देह निर्दोष सुरक्षित रहे (1 थिस्सलुनीकियों 5:23)।

क्योंकि परमेश्वर ने जगत से ऐसा प्रेम रखा कि उसने अपना एकलौता पुत्र दे दिया, ताकि जो कोई उस पर विश्वास करे वह नाश न हो, परन्तु अनन्त जीवन पाए (यूहन्ना 3:16)।

इसलिये यदि पुत्र तुम्हें स्वतन्त्र करे, तो तुम सचमुच स्वतन्त्र होगे (यूहन्ना 8:36)।

विश्वास और प्रार्थना के लिए मार्गदर्शन

किसी भी बात की चिन्ता न करो, परन्तु हर एक बात में तुम्हारे निवेदन, प्रार्थना और विनती के द्वारा धन्यवाद के साथ परमेश्वर के सम्मुख उपस्थित किए जाएं (फिलिप्पियों 4:6)।

इसलिये आओ, हम अनुग्रह के सिंहासन के निकट हियाव बांधकर चलें, कि हम पर दया हो, और वह अनुग्रह पाएं जो आवश्यकता के समय हमारी सहायता करे (इब्रानियों 4:16)।

पर वह विश्वास से मांगे, और कुछ सन्देह न करे; क्योंकि सन्देह करने वाला समुद्र की लहर के समान है, जो हवा से बहती और उछलती है (याकूब 1:6)।

यदि तुम में कोई दुखी हो, तो वह प्रार्थना करे; यदि आनन्दित हो, तो वह स्तुति के भजन गाए (याकूब 5:13)।

यहोवा की बाट जोहता रह; हियाव बांध और तेरा हृदय दृढ़ रहे; हाँ, यहोवा ही की बाट जोहता रह (भजन संहिता 27:14)।

हे यहोवा पर आशा रखने वालो, तुम सब हियाव बांधो और तुम्हारे हृदय दृढ़ रहें (भजन संहिता 31:24)।

अपना बोझ यहोवा पर डाल दे वह तुझे सम्हालेगा; वह धर्मी को कभी टलने न देगा (भजन संहिता 55:22)।

अपनी दृष्टि में बुद्धिमान न होना; यहोवा का भय मानना, और बुराई से अलग रहना। इससे तेरा शरीर स्वस्थ और तेरी हड्डियाँ पुष्ट रहेंगी (नीतिवचन 3:7-8)।

वह मुझे सिखाता था, और मुझसे कहता था, "मेरे वचनों को अपने हृदय में बसाए रख; मेरी

आज्ञाओं को मान, और तू जीवित रहेगा" (नीतिवचन 4:4)।

मेरी आज्ञाओं को मान और जीवित रह; मेरी शिक्षा की अपनी आँख की पुतली के समान रक्षा कर (नीतिवचन 7:2)।

कान लगाओ, और मेरे पास आओ; सुनो, कि तुम जीवित रहो... (यशायाह 55:3)।

दुष्ट अपनी चालचलन और अनर्थी अपने विचार त्याग दे; वह यहोवा की ओर फिरे, और वह उस पर दया करेगा, और हमारे परमेश्वर की ओर फिरे, क्योंकि वह पूरी रीति से क्षमा करेगा (यशायाह 55:7)।

यहोवा इस्राएल के घराने से यों कहता है: "मेरी खोज करो और जीवित रहो" (आमोस 5:4)।

बुराई की नहीं, भलाई की खोज करो, ताकि तुम जीवित रहो; तब सेनाओं का परमेश्वर यहोवा तुम्हारे साथ वैसा ही रहेगा जैसा तुम कहते हो (आमोस 5:14)।

तुम मेरी विधियों और नियमों को मानना, जिन्हें यदि कोई मनुष्य माने, तो वह उनके कारण जीवित रहेगा। मैं यहोवा हूँ (लैव्यव्यवस्था 18:5)।

आओ, हम अपने चालचलन को ध्यान से देखें और परखें, और यहोवा की ओर फिरें (विलापगीत 3:40)।

हमारे प्रकाशन

विशेष सूचना: हमारे सभी प्रकाशन कॉपीराइट (सर्वाधिकार) मुक्त हैं और मत्ती 10:8 के अनुसार नि:शुल्क और सार्वजनिक रूप से (Public Domain) उपलब्ध कराए गए हैं। अतः, आप बिना किसी अनुमति के इन्हें डाउनलोड करने, छापने और प्रकाशित करने के लिए स्वतंत्र हैं।

1. Bible Concordances (Online, Apps & PDFs)
2. Bible Devotions (Online, Apps & PDFs)
3. Bible Dictionaries (Online, Apps & PDFs)
4. Bible Wallpapers (in many languages)
5. Promise Cards (in many languages)
6. Good News Collections (Online, Apps & PDFs)
7. Bible App/Software Modules
8. Bible Stickers & Boards for Gospel
9. Gospel Tracks (in many languages)
10. Old Bibles (PDFs)
11. Mobile Ringtones (Bible Verses / Songs, many languages)

<u>Our Other Books (Print & E-Books)</u>

1. ஒரு வருட வேத வாசிப்பு திட்டம்
2. One Year Bible Reading Plan
3. சங்கீதமும் நீதிமொழிகளும்

4. சங்கீத புத்தகத்திலுள்ள ஜெபங்கள்
5. தமிழ் - வேதாகம மனப்பாட வசனங்கள் பாகம் 1
6. தமிழ் - வேதாகம மனப்பாட வசனங்கள் பாகம் 2
7. Tanglish - Vedaagama Manappaada Vasanagal Bagam 1
8. Tanglish - Vedaagama Manappaada Vasanagal Bagam 2
9. Bible Memory Verses Volume 1
10. Bible Memory Verses Volume 2
11. Bible Coloring Books 01 Creation [Tamil, English]
12. Bible Coloring Books 02 Adam and Eve [Tamil, English]
13. Bible Coloring Books 03 Cain and Abel [Tamil, English]
14. Bible Coloring Books 04 Noah [Tamil, English]
15. ஞாயிறு பள்ளி பாடங்கள் - தொடக்கநிலை - பாகம் 1
16. Tanglish - Gnayiru Palli Paadangal - Thodakkanilai - Baagam 1
17. Bible Coloring Book for Sunday School Syllabus Beginners - Volume 1
18. வேதாகம தியானங்கள் பாகம் 1 – [40 லெந்து நாட்கள் [ஆசிரியர்: கிளாடிஸ் சுகந்தி ஹாசிலிட்]
19. வேதாகம தியானங்கள் பாகம் 2 – [40 லெந்து நாட்கள் [ஆசிரியர்: கிளாடிஸ் சுகந்தி ஹாசிலிட்]
20. வேதாகம தியானங்கள் பாகம் 3 - [25 கிறிஸ்மஸ் தியானங்கள். ஆசிரியர்: கிளாடிஸ் சுகந்தி ஹாசிலிட்]
21. வேதாகம தியானங்கள் பாகம் 4 [365 நாட்கள். ஆசிரியர்: கிளாடிஸ் சுகந்தி ஹாசிலிட்]
22. வேதாகம தியானங்கள் பாகம் 5 [ஆசிரியர்: சார்லஸ் ஸ்பர்ஜன்]

23. தம்பிரான் வணக்கம் 1578 [ஆசிரியர்: பழங்காசு சீனிவாசன், ஏசுதாஸ் சாலொமோன்]
24. தமிழ் பைபிள் 1714 பாகம் 1 (மத்தேயு முதல் அப்போஸ்தலருடைய நடபடிகள் வரை)
25. தமிழ் பைபிள் 1714 பாகம் 2 (ரோமர் முதல் வெளிப்படுத்தல் வரை)
26. ஒருவருட வேதாகமம் (தமிழ், English, Telugu, Kannada, Malayalam, Hindi)
27. ஒருவருட வேதாகமம் - சம்பவங்கள் நடந்த கால வரிசைப்படி (தமிழ், English, Telugu, Kannada, Malayalam, Hindi)
28. வேதாகம புத்தக அறிமுகம்
29. தமிழ் வேதாகம ஒத்தவாக்கிய விளக்கவுரை
30. அபிஷேகம் [ஆசிரியர்: Rev. Dr. A. பிரகாசம்]
31. என் வாழ்வில் தேவனுடைய கிருபை [ஆசிரியர்: Rev. Dr. A. பிரகாசம்]
32. தமிழ் இணைநிலை வேதாகமங்கள்
33. English Parallel Bibles [Hebrew, Greek, Latin, English all in one)
34. கர்த்தருக்குச் சித்தம் [ஆசிரியர்: Rev. Dr. A. பிரகாசம்]
35. சீகன்பால்குவின் ஓலைச்சுவடி பிரசங்கங்கள்
36. 70 விதமான பாக்கியவான்கள் [சீகன்பால்கு]
37. தமிழ் வேதாகம பழைய மொழிபெயர்ப்புகள்
38. சிறுவர்களுக்கான மாதிரி ஜெபங்கள் பாகம் 1 & 2
39. Model Prayers for Kids Volume 1 & 2
40. விசுவாச ஜீவியம் [S. பரமானந்தம் ஐயர்]
41. அன்பின் ஜீவியம் [S. பரமானந்தம் ஐயர்]
42. தேவசித்த ஜீவியம் [S. பரமானந்தம் ஐயர்]
43. நீங்கள் இயேசு கிறிஸ்துவை அறிய வேண்டியது மிக மிக அவசியம் [S. பரமானந்தம் ஐயர்]

44. கிறிஸ்தவ கடவுள் யார்? அவர் எப்படிப்பட்டவர்?
45. இயேசு கிறிஸ்து யார்? அவர் எப்படிப்பட்டவர்?
46. ஸ்ட்ராங்க்ஸ் எபிரேய அகராதி
47. ஸ்ட்ராங்க்ஸ் கிரேக்க அகராதி
48. Your Lifelong Bible Guide for Every Stage of Life
49. குணமாக்கு வேத மாத்திரை *(வசனங்கள்)* 2.0
50. Healing Bible Tablet (Scriptures) 2.0
51. चंगाई बाइबिल टैबलेट (वचन) 2.0
52. பல்வேறுக் கைப்பிரதிகள் (English, Tamil, Kannada)

www.ingramcontent.com/pod-product-compliance
Lightning Source LLC
LaVergne TN
LVHW100330210926
848480LV00003B/1298
* 9 7 9 8 9 0 3 9 2 2 2 5 3 *